CIENCIA, TECNOLOGÍA,
INGENIERÍA Y MATEMÁTICA ¿TU FUTURO?

Un día de trabajo de DESARROLLADOR DE SOFTWARE

DEVON MCKINNEY

TRADUCIDO POR
ALBERTO JIMÉNEZ

PowerKiDS press.

Nueva York

Published in 2016 by The Rosen Publishing Group, Inc.
29 East 21st Street, New York, NY 10010

First Edition

Editor: Caitie McAneney
Book Design: Katelyn Heinle/Reann Nye
Translator: Alberto Jiménez

Photo Credits: Cover shapecharge/E+/Getty Images; cover, pp. 1, 3, 4, 6, 8, 10– 14, 16–20, 22–24 (circuit vector design) VLADGRIN/Shutterstock.com; p. 5 (top) Dragon Images/Shutterstck.com; p. 5 (bottom) wavebreakmedia/Shutterstock.com; p. 7 Goodluz/Shutterstock.com; p. 9 (top) Morrowind/Shutterstock.com; p. 9 (bottom) Mclek/Shutterstock.com; p. 11 Tyler Olson/Shutterstock.com; p. 13 Rido/Shutterstock.com; p. 15 (top) Denys Prykhodov/Shutterstock.com; p. 15 (bottom) Brian A Jackson/Shutterstock.com; p.17 (algorithm) https://en.wikipedia.org/wiki/File-Diagram_for_the_computation_of_Bernoulli_numbers.jpg; p. 17 (Lovelace) https://commons.wikimedia.org/wiki/File-Ada_Lovelace_portrait.jpg; p. 18 Syda Productions/Shutterstock.com; p. 19 Stephen VanHorn/Shutterstock.com; p. 21 Tyler Olson/Shutterstock.com.

Cataloging-in-Publication Data

McKinney, Devon.
Un día de trabajo de un desarrollador de software / Devon McKinney, translated by Alberto Jiménez.
pages cm. — (Ciencia, tecnología, ingeniería y matemática: ¿Tu futuro?)
Includes index.
ISBN 978-1-5081-4760-2 (pbk.)
ISBN 978-1-5081-4743-5 (6 pack)
ISBN 978-1-5081-4755-8 (library binding)
1. Computer software—Development—Vocational guidance—Juvenile literature. I. Title.
QA76.76.D47M3973 2016
005.3023—dc23

Manufactured in the United States of America

CPSIA Compliance Information: Batch #BW16PK: For Further Information contact Rosen Publishing, New York, New York at 1-800-237-9932

CONTENIDO

HACER QUE LAS COMPUTADORAS FUNCIONEN

Imagina que estás frente a una computadora y que no funciona; la computadora en sí, el hardware, está en perfecto estado, pero no realiza tarea alguna: no puedes divertirte con juegos, ni ver vídeos, ni siquiera navegar por Internet. ¿Qué le falta? ¡El software!

El software es el conjunto de programas que se ejecutan en las computadoras para realizar tareas: hacen que el ordenador funcione. Gracias al software las posibilidades de las computadoras son ilimitadas. Sin embargo, los **desarrolladores** de software necesitan crear primero estos programas. Su trabajo consiste en pensar las diferentes maneras, útiles y divertidas, en que la computadora puede trabajar para nosotros.

Los desarrolladores de software utilizan en su trabajo CTIM, iniciales de Ciencia, **Tecnología**, **Ingeniería** y Matemáticas.

LA CIENCIA DE LA INFORMÁTICA

Los desarrolladores de software estudian y ponen en práctica la ciencia de informática. Seguro que has oído hablar de la biología, la química o la física, que son ramas de la ciencia; todas se ocupan de las leyes de la naturaleza.

La ciencia de la informática, sin embargo, es un poco diferente: estudia los procesos de información y cómo **interactúan** con el mundo.

Quienes trabajan en la ciencia informática, o de las computadoras, se llaman científicos informáticos. Utilizan computadoras para **implementar** nuevas formas de procesar información. Como muchos científicos, estudian de qué modo una cosa puede llevar a otra distinta. Por ejemplo, seguir una serie de instrucciones hace que una computadora realice una tarea específica.

A diferencia de otros científicos, los dedicados a la computación no trabajan en laboratorios sino que a menudo lo hacen en oficinas.

El desarrollador de software trabaja en el límite de las nuevas tecnologías, las utiliza y las crea. Su mejor herramienta son las computadoras; a medida que estas avanzan, los desarrolladores tienen mayores posibilidades. Utilizan las computadoras para estudiar el software existente y determinar cuál puede ser útil en el futuro, para planear nuevos programas y para compartir ideas y comunicarse con otros colegas mediante el correo electrónico o las redes sociales.

Lo importante es que el desarrollador empiece a implementar sus ideas; para ello es imprescindible la programación. Necesitan **traducir** sus ideas a código.

PERISCOPIO CTIM

Java, C++ y Python están entre los lenguajes de programación más populares.

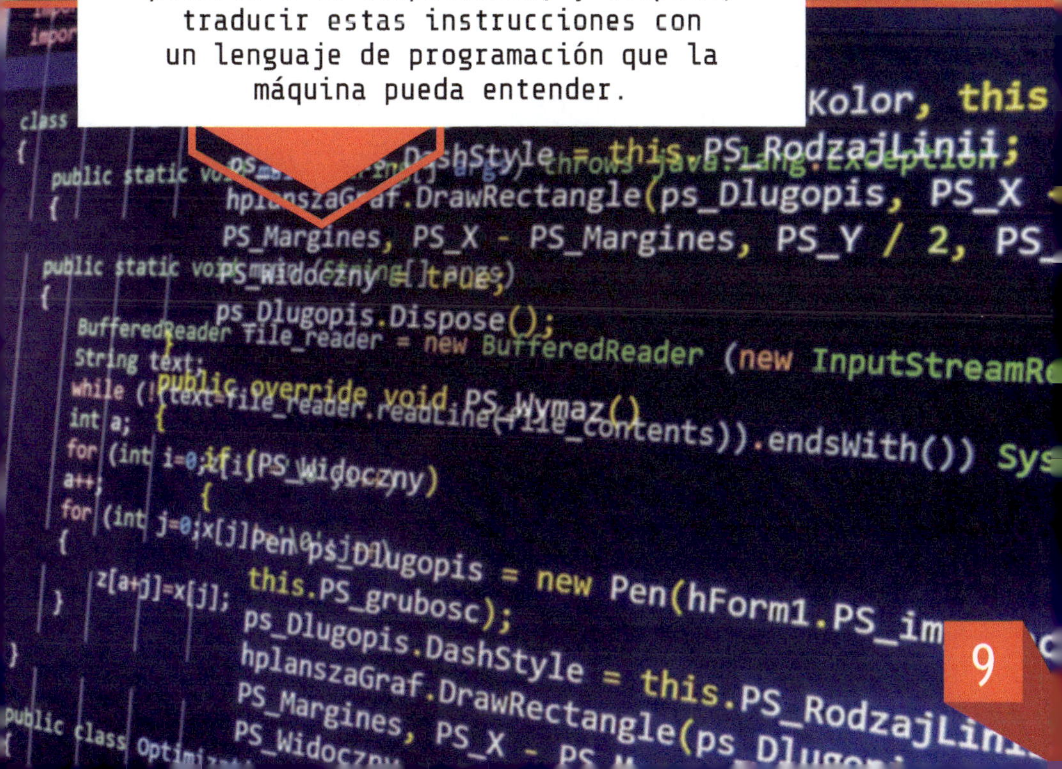

En primer lugar, los desarrolladores tienen que saber lo que quieren pedirle a la computadora; y después, traducir estas instrucciones con un lenguaje de programación que la máquina pueda entender.

HERRAMIENTAS DE PROGRAMACIÓN

Los desarrolladores tienen que saber cómo escribir programas de computadora, lo que también se conoce como codificación. Estos profesionales son **expertos** en lenguajes de programación. La programación, sin embargo, no es solo para ellos: también tú puedes aprender, porque hay herramientas para que los principiantes puedan programar sus propias aplicaciones.

Scratch, por ejemplo, es un lenguaje diseñado para estudiantes de entre 8 y 16 años; es una herramienta web que emplea imágenes o elementos visuales para ayudar a los estudiantes a entender la programación. Los estudiantes arrastran bloques a un espacio de trabajo para hacer que se muevan unos personajes. Hopscotch es una **aplicación** (app) de iPad que emplea también programación visual para que los estudiantes aprendan con facilidad lo básico.

Programas como Scratch y Hopscotch son también ejemplos de software de creación. ¡El software existente puede ayudarnos a crear nuevos programas!

HERRAMIENTAS DE CODIFICACIÓN PARA PRINCIPIANTES

Hopscotch
iPad app
lenguaje de programación visual.

Tynker
web
enseña programación siguiendo un plan de estudio.

Scratch
web
lenguaje de programación visual.

GameStar Mechanic
web
los usuarios **diseñan** sus propios videojuegos.

Hackety Hack
web
enseña los fundamentos de programación con lenguaje Ruby.

Move the Turtle
iPad app
enseña conceptos básicos de programación a través de un entretenido juego.

INGENIERÍA DE SOFTWARE

Ingeniería significa utilizar las matemáticas y la ciencia para resolver problemas. Los ingenieros crean nuevos productos y procesos que facilitan nuestras vidas. Los desarrolladores de software crean nuevos programas como parte de su trabajo diario.

¿Cómo comienzan a crear algo? Primero analizan el software existente: ¿Qué hace? ¿Qué no hace? Después aportan ideas para nuevos programas o para mejorar los que hay. Estos ingenieros son buenos para solucionar problemas porque buscan qué hace falta y aportan soluciones.

PERISCOPIO CTIM

¿Has utilizado alguna vez un smartphone? Hay muchas apps que nos ayudan a encontrar direcciones, a compartir imágenes o a ponernos en forma. ¡Los desarrolladores de software crean nuevas apps todo el tiempo!

Diseñar programas es parte esencial del trabajo del desarrollador de software. Ha de pensar muy bien qué hacer para que cada parte del programa enlace con las demás, de modo que el conjunto resulte sencillo de usar.

EL INTERNET DE LAS COSAS

Imagínate un mundo en que tu nevera mande un recordatorio a tu teléfono para que vayas de compras al supermercado. Piensa en una carretera por la que tus padres circulan que advierta a su auto que hay hielo en el camino. Esta comunicación de máquina a máquina es parte del llamado "Internet de las cosas", el siguiente gran paso en el desarrollo de software.

Hoy día, algunos desarrolladores crean programas que utilizan los datos procedentes de **sensores** para controlar un infinito número de procesos. Collares de perro, televisores e incluso las neveras son parte del creciente Internet de las cosas. Los desarrolladores descubren constantemente nuevos usos para estos datos, los cuales hasta se pueden enviar a otros dispositivos tales como los smartphones.

PERISCOPIO CTIM

El Internet de las cosas conectará objetos y dispositivos y los ayudará a trabajar coordinadamente para hacernos la vida más fácil.

Los desarrolladores son responsables de transformar prácticamente cualquier máquina en un dispositivo inteligente. Por ello, idean sin cesar nuevos programas destinados a los dispositivos informáticos.

EL SOFTWARE Y LAS MATEMÁTICAS

Se atribuye a Ada Lovelace haber sido la primera programadora de computadoras porque inventó el primer software. Su obra es también un gran ejemplo de cómo las matemáticas y el desarrollo de software van de la mano.

Nacida en 1815, Lovelace recibió una sólida educación en ciencias y matemáticas. Tuvo la oportunidad de conocer a un inventor llamado Charles Babbage, creador de una máquina capaz de resolver problemas, conocida como la máquina analítica y que se considera la primera computadora mecánica. Lovelace ideó un **algoritmo** que le permitía a la máquina **calcular** números. Lovelace utilizó su gran talento matemático en resolver problemas para averiguar cómo hacer funcionar la máquina.

PERISCOPIO CTIM

Un algoritmo es un conjunto de pasos que se siguen para resolver algo; algunos algoritmos se utilizan para resolver cuestiones matemáticas mientras que otros completan procesos de computadora.

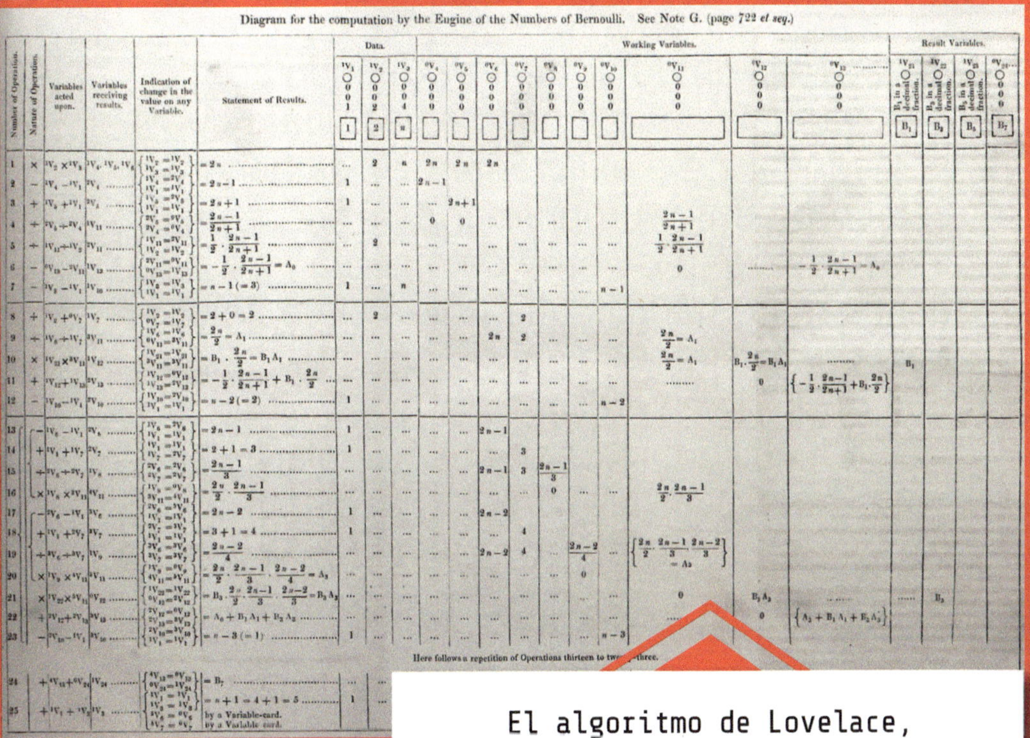

El algoritmo de Lovelace, hecho de números, indicaba a la máquina que realizara una tarea específica: esto es precisamente la función del software.

Ada Lovelace

Las matemáticas son parte esencial de la programación, pieza clave a su vez de la creación de software. Cuando se programa hay que ir paso a paso para que la máquina sepa exactamente qué hacer en cada momento; programar es muy parecido a resolver un problema de álgebra, esa parte de las matemáticas que utiliza símbolos (tales como letras) para representar números.

En el álgebra booleana las relaciones entre números se expresan mediante dos valores solamente: 1 (verdadero) y 0 (falso). Estos valores le indican a la computadora cuándo realizar una función. Es decir, los programadores utilizan la **lógica** booleana para indicarles a las computadoras lo que deben hacer.

Los desarrolladores de software deben conocer la lógica booleana para comprender cómo solucionar problemas con el código.

UN DÍA DE TRABAJO

¿Qué supone trabajar como desarrollador de software? La mayoría de los desarrolladores trabajan en oficinas o laboratorios. Trabajan en muchos entornos diferentes tales como organismos gubernamentales, compañías privadas o las fuerzas armadas. Muchos trabajan para editoras de software, compañías que diseñan o compran programas y los comercializan.

En un día normal de trabajo, el desarrollador investiga las necesidades de los usuarios utilizando datos en línea; después, diseña o planea nuevo software. En ocasiones lo prueba para ver si funciona o crea un **diagrama** que explica a otros programadores cómo escribir el código de un determinado software.

PERISCOPIO CTIM

El trabajo de cada desarrollador es diferente porque cada uno lo hace en distintos tipos de programas. Algunos desarrollan apps para mantenerse en forma y otros crean software para usos médicos.

Los desarrolladores de software se reúnen con otros especialistas en computación para tener la certeza de que sus ideas funcionarán bien con la tecnología existente.

PARA SER DESARROLLADOR DE SOFTWARE

¿Tienes ideas para nuevos programas de computadora? ¿Te gusta CTIM y crear cosas nuevas?

Lo primero es que tomes tantas clases de matemáticas y ciencias como puedas. Cuando entres a la escuela secundaria, matricúlate en cursos de informática y tecnología. Nunca se es demasiado joven para empezar a recibir clases a través de programas comunitarios. Un **aspirante** a desarrollador de software tiene que completar al menos un título universitario. Algunos reciben un título de ingeniero informático, mientras que otros estudian ciencia informática o matemáticas. Conviene además realizar un máster e incluso especializarse en áreas concretas, como medicina o finanzas. ¡Con una carrera en desarrollo de software, crearás la tecnología del futuro!

GLOSARIO

algoritmo: Conjunto de pasos que se siguen para resolver un problema matemático o completar un proceso informático.

aplicación: Programa que realiza alguna de las tareas principales para las que se utiliza una computadora.

aspirante: Alguien que desea vehementemente alcanzar algo.

calcular: Encontrar la solución de un problema utilizando cálculos matemáticos.

diagrama: Dibujo que explica o muestra las partes de algo o su funcionamiento.

diseñar: Crear un plan para realizar algo.

desarrollador: Persona que desarrolla o crea algo como, por ejemplo, software.

experto: Alguien que está en posesión de determinadas habilidades y conocimientos especiales.

implementar: Empezar a hacer o a utilizar algo.

ingeniería: El uso de la ciencia y las matemáticas para construir mejores objetos.

interactuar: Actuar en función de otra cosa.

lógica: Ciencia que estudia los procesos formales que se utilizan en el pensamiento y el razonamiento.

sensor: Dispositivo que percibe el calor, la luz, el movimiento, el sonido o los olores.

tecnología: Conjunto de conocimientos y medios técnicos aplicados al desarrollo de una actividad.

traducir: Cambiar las palabras de un lenguaje a otro respetando su significado.

ÍNDICE

SITIOS DE INTERNET

Debido a que los enlaces de Internet cambian a menudo, PowerKids Press ha creado una lista en línea de los sitios Internet que tratan sobre el tema de este libro. Este sitio se actualiza con regularidad. Por favor, usa este enlace para ver la lista: www.powerkidslinks.com/ssc/softw